AF187596

Impressum
Verlag: BABADADA GmbH, Nedderfeld 112 , 22529 Hamburg
Geschäftsführer / Verlagsleitung: Harald Hof
Druck: Books on Demand GmbH, In de Tarpen 42, 22848 Norderstedt

Imprint
Publisher: BABADADA GmbH, Nedderfeld 112 , 22529 Hamburg, Germany
Managing Director / Publishing direction: Harald Hof
Print: Books on Demand GmbH, In de Tarpen 42, 22848 Norderstedt

escola
die Schule

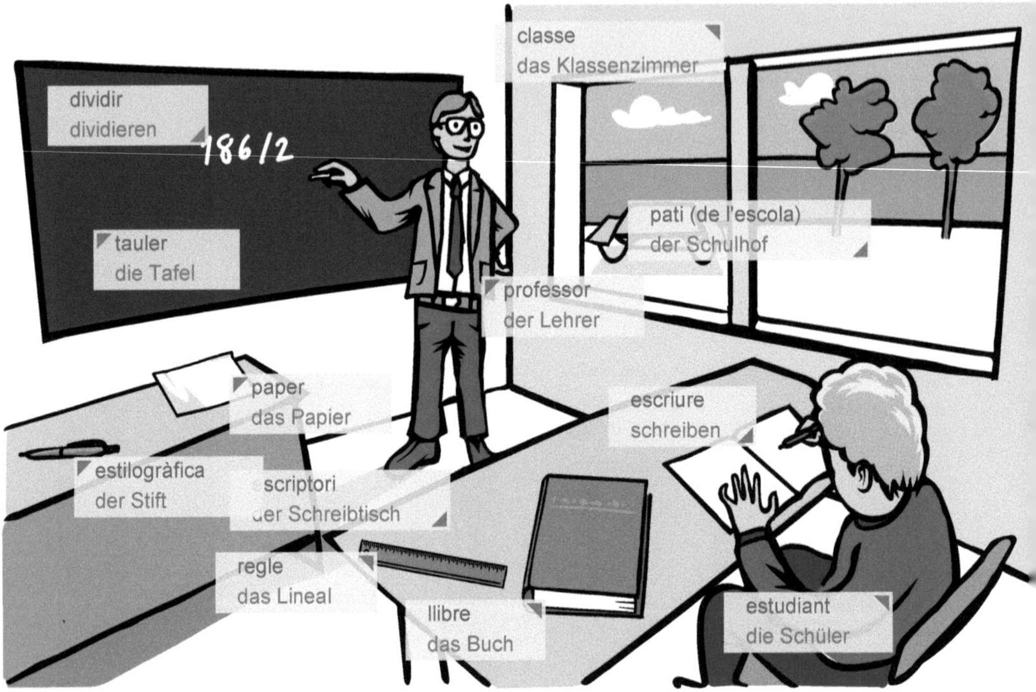

classe
das Klassenzimmer
dividir
dividieren
186/2
tauler
die Tafel
pati (de l'escola)
der Schulhof
professor
der Lehrer
paper
das Papier
escriure
schreiben
estilogràfica
der Stift
scriptori
der Schreibtisch
regle
das Lineal
llibre
das Buch
estudiant
die Schüler

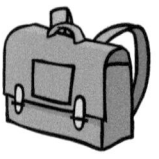

bossa

die Schultasche

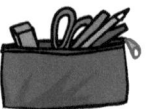

estoig

die Federmappe

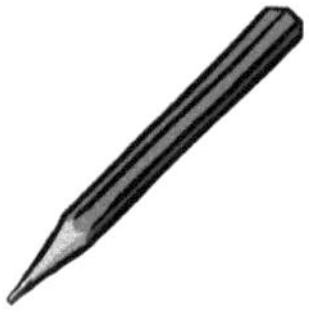

llapis

der Bleistift

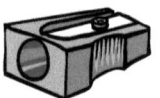

maquineta de fer punta

der Bleistiftspitzer

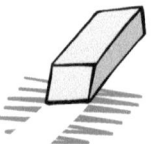

goma

der Radierer

bloc de dibuix

der Zeichenblock

dibuix

die Zeichnung

pinzell

der Pinsel

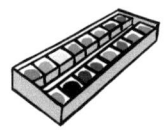

capsa de pintures

der Malkasten

tisores

die Schere

cola

der Klebstoff

quadern d'exercicis

das Übungsheft

deures

die Hausübung

nombre

die Zahl

afegir

addieren

sostreure

subtrahieren

multiplicar

multiplizieren

calcular

rechnen

lletra

der Buchstabe

alfabet

das Alphabet

mot

das Wort

text
....
der Text

llegir
....
lesen

guix
....
die Kreide

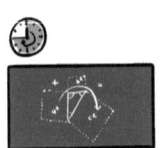

lliçó
....
die Unterrichtsstunde

llibre de classe
....
das Klassenbuch

examen
....
die Prüfung

certificat
....
das Zeugnis

uniforme escolar
....
die Schuluniform

formació
....
die Ausbildung

enciclopèdia
....
das Lexikon

universitat
....
die Universität

microscopi
....
das Mikroskop

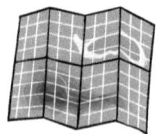

mapa
....
die Karte

paperera
....
der Papierkorb

escola - die Schule

viatge
die Reise

hotel
das Hotel
Grand
alberg
die Jugendherberge
oficina de canvi
die Wechselstube
EXCHANGE
maleta
der Koffer
automòbil
das Auto

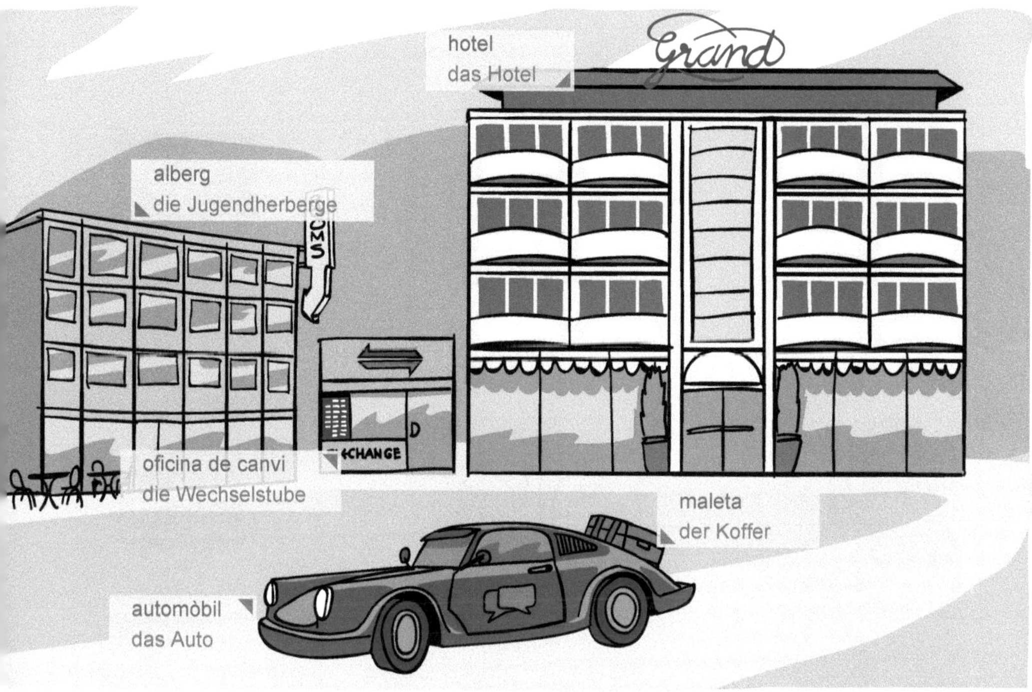

llengua

die Sprache

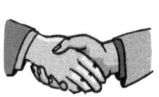

sí / no

ja / nein

D'acord

Okay

Ey!

Hallo

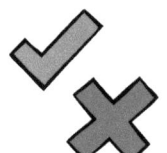

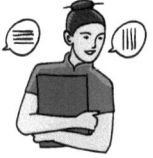

traductora

die Dolmetscherin

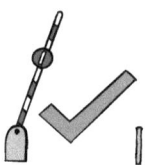

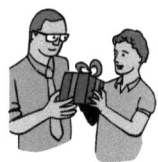

gràcies

Danke

Quant costa… ?

Wie viel kostet …?

No entenc

Ich verstehe nicht.

problema

das Problem

Bona nit!

Guten Abend!

bon dia!

Guten Morgen!

bona nit!

Gute Nacht!

fins aviat

Auf Wiederschaun!

direcció

die Richtung

bagatge

das Gepäck

bossa

die Tasche

sarrona

der Rucksack

convidat

der Gast

cambra

das Zimmer

sac de dormir

der Schlafsack

tenda

das Zelt

oficina de turisme

die Touristeninformation

platja

der Strand

carta de crèdit

die Kreditkarte

esmorzar

das Frühstück

dinar

das Mittagessen

sopar

das Abendessen

bitllet

die Fahrkarte

ascensor

der Lift

segell

die Briefmarke

frontera

die Grenze

duana

der Zoll

ambaixada

die Botschaft

visat

das Visum

passaport

der Pass

transport
der Transport

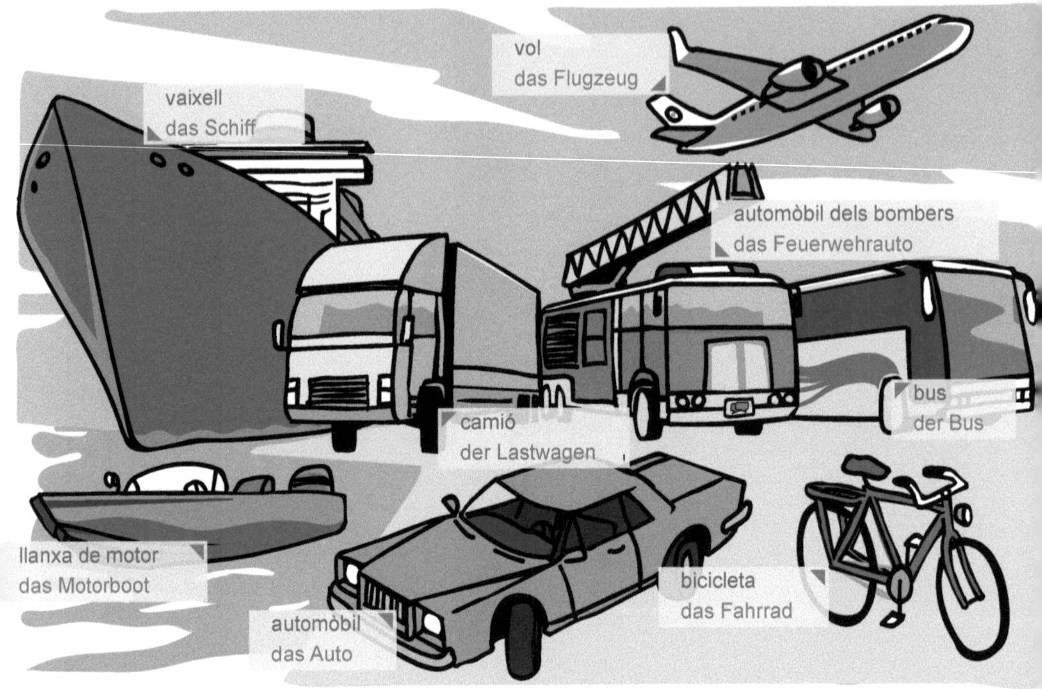
vol
das Flugzeug
vaixell
das Schiff
automòbil dels bombers
das Feuerwehrauto
bus
der Bus
camió
der Lastwagen
llanxa de motor
das Motorboot
bicicleta
das Fahrrad
automòbil
das Auto

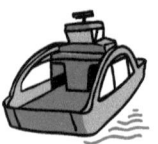

transbordador

die Fähre

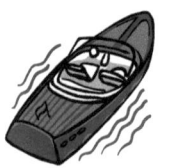

barca

das Boot

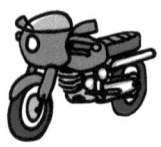

moto

das Motorrad

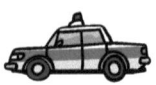

automòbil de policia

das Polizeiauto

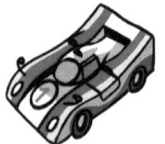

automòbil de curses

das Rennauto

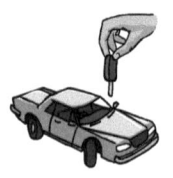

automòbil de lloguer

der Mietwagen

vehicle compartit

das Carsharing

grua

der Abschleppwagen

camió de les escombraries

der Müllwagen

motor

der Motor

benzina

der Kraftstoff

benzineria

die Tankstelle

senyal de trànsit

das Verkehrsschild

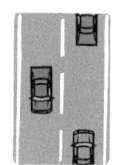

trànsit

der Verkehr

embús

der Stau

aparcament

der Parkplatz

estació de trens

der Bahnhof

vies

die Schienen

tren

der Zug

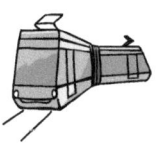

tramvia

die Straßenbahn

vagó

der Wagon

helicòpter

der Hubschrauber

aeroport

der Flughafen

torre

der Tower

passatger

der Passagier

contenidor

der Container

capsa de cartó

der Karton

carretó

der Rollwagen

cistella

der Korb

enlairar-se / aterrar

starten / landen

ciutat

die Stadt

poble

das Dorf

centre de la ciutat

das Stadtzentrum

casa

das Haus

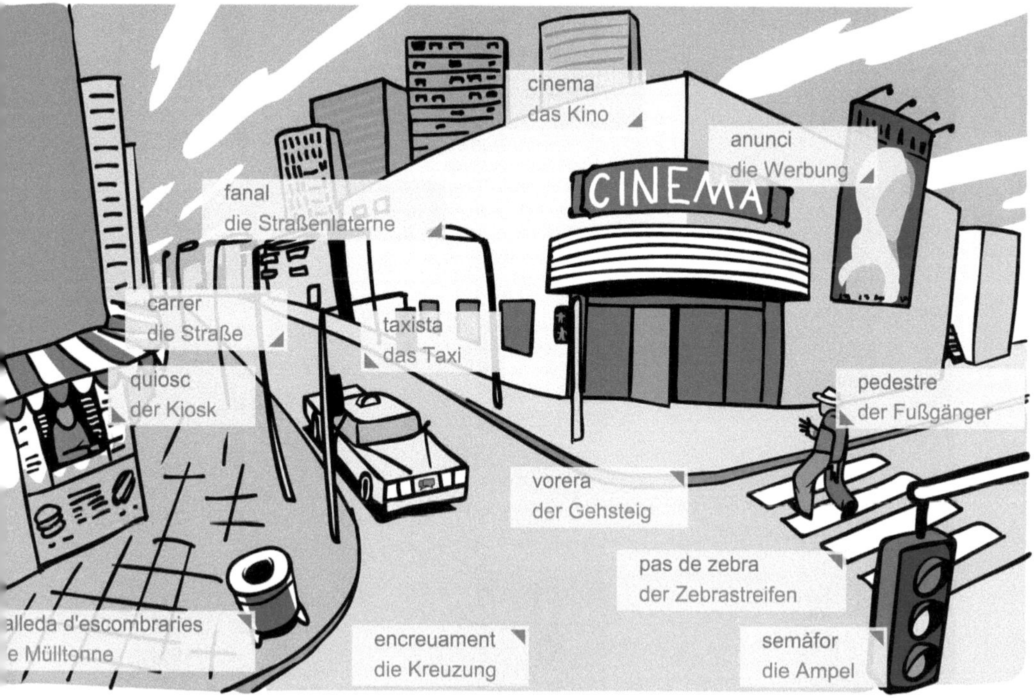
cinema
das Kino
anunci
die Werbung
CINEMA
fanal
die Straßenlaterne
carrer
die Straße
taxista
das Taxi
quiosc
der Kiosk
pedestre
der Fußgänger
vorera
der Gehsteig
pas de zebra
der Zebrastreifen
alleda d'escombraries
e Mülltonne
encreuament
die Kreuzung
semàfor
die Ampel

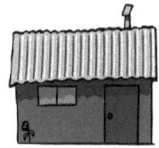

cabana

die Hütte

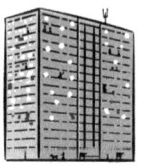

apartament

die Wohnung

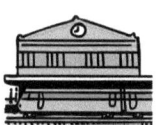

estació de trens

der Bahnhof

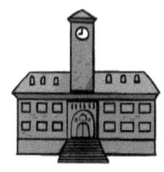

casa de la vila-ciutat

das Rathaus

MUSEUM

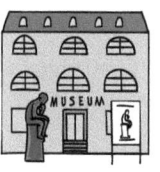

museu

das Museum

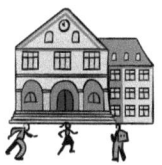

escola

die Schule

universitat

die Universität

banca

die Bank

hospital

das Spital

hotel

das Hotel

farmàcia

die Apotheke

oficina

das Büro

llibreria

die Buchhandlung

botiga

das Geschäft

floristeria

der Blumenladen

supermercat

der Supermarkt

mercat

der Markt

gran magatzem

das Kaufhaus

peixateria

der Fischhändler

centre comercial

das Einkaufszentrum

port

der Hafen

parc

der Park

banc

die Bank

pont

die Brücke

escala

dle Stiege

metro

die U-Bahn

túnel

der Tunnel

parada d'autobús

die Bushaltestelle

bar

die Bar

restaurant

das Restaurant

bústia de correu

der Briefkasten

senyal indicador

das Straßenschild

parquímetre

die Parkuhr

zoo

der Zoo

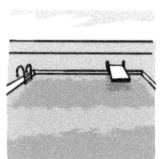

piscina

die Badeanstalt

mesquita

die Moschee

granja
der Bauernhof

pol·lució
die Umweltverschmutzung

cementiri
der Friedhof

església
die Kirche

parc infantil
der Spielplatz

temple
der Tempel

paisatge
die Landschaft

fulla
das Blatt

cartell indicador
der Wegweiser

camí
der Weg

prat
die Wiese

pedra
der Stein

arbre
der Baum

excursionista
der Wanderer

riu
der Fluss

gespa
das Gras

flor
die Blume

vall
das Tal

muntanya
der Hügel

llac
der See

bosc
der Wald

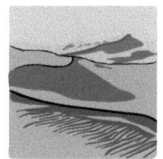

desert
die Wüste

volcà
der Vulkan

castell
das Schloss

arc de Sant Martí
der Regenbogen

bolet
der Pilz

palmera
die Palme

moscard
der Moskito

mosca
die Fliege

formiga
die Ameise

abella
die Biene

aranya
die Spinne

escarabat

der Käfer

granota

der Frosch

esquirol

das Eichhörnchen

eriçó

der Igel

llebre

der Hase

òliba

die Eule

ocell

die Vogel

cigne

der Schwan

senglar

das Wildschwein

cervo

der Hirsch

ant

der Elch

presa

der Staudamm

turbina

das Windrad

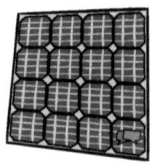

panell solar

das Solarmodul

clima

das Klima

restaurant
das Restaurant

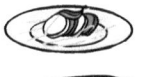

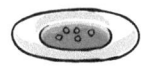

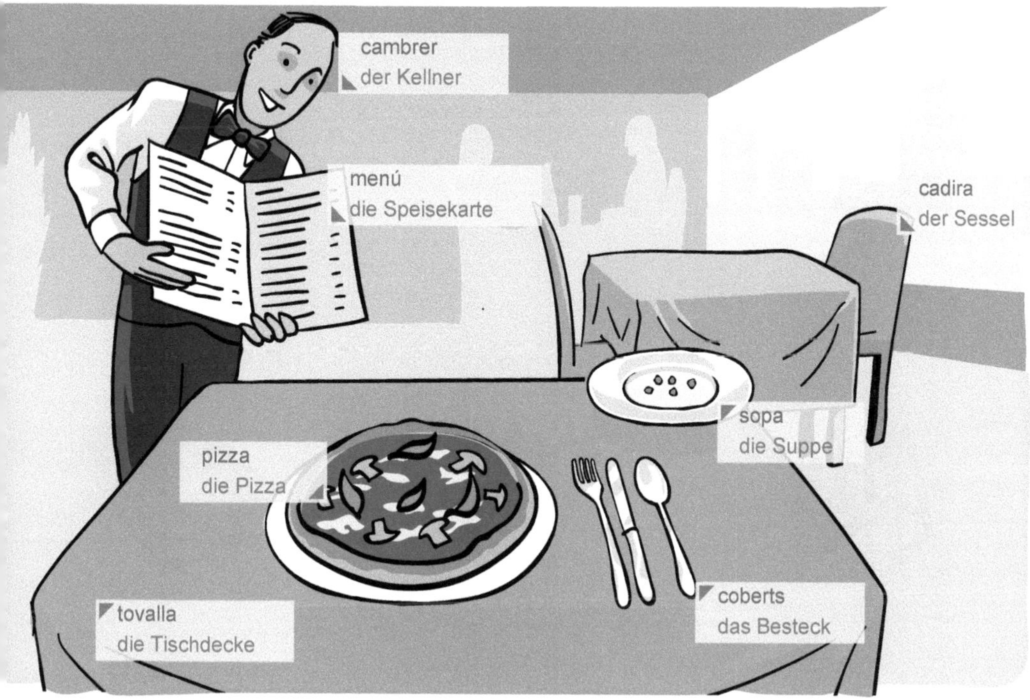

cambrer
der Kellner
menú
die Speisekarte
cadira
der Sessel
sopa
die Suppe
pizza
die Pizza
tovalla
die Tischdecke
coberts
das Besteck

primer plat

die Vorspeise

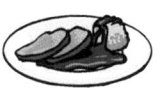

plat principal

das Hauptgericht

darreries

die Nachspeise

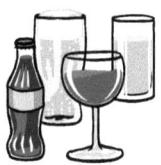

begudes

die Getränke

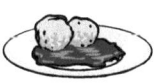

menjar

das Essen

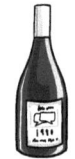

ampolla

die Flasche

menjar ràpid

das Fastfood

menjar de carrer

das Streetfood

tetera

die Teekanne

sucrer

die Zuckerdose

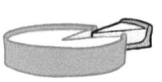

porció

die Portion

màquina d'espresso

die Espressomaschine

trona

der Kinderstuhl

factura

die Rechnung

plata

das Tablett

ganivet

das Messer

forqueta

die Gabel

cullera

der Löffel

cullereta

der Teelöffel

tovalló

die Serviette

got

das Glas

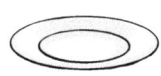

plat

der Teller

plat de sopa

der Suppenteller

plateret

die Untertasse

salsa

die Sauce

saler

der Salzstreuer

molinet de pebre

die Pfeffermühle

vinagre

der Essig

oli

das Öl

espècies

die Gewürze

quètxup

das Ketchup

mostassa

der Senf

maionesa

die Mayonnaise

supermercat
der Supermarkt

oferta especial
das Angebot
FOR
client
der Kunde
productes lactis
die Milchprodukte
fruites
das Obst
carret de la compra
der Einkaufswagen

BUTCHERS

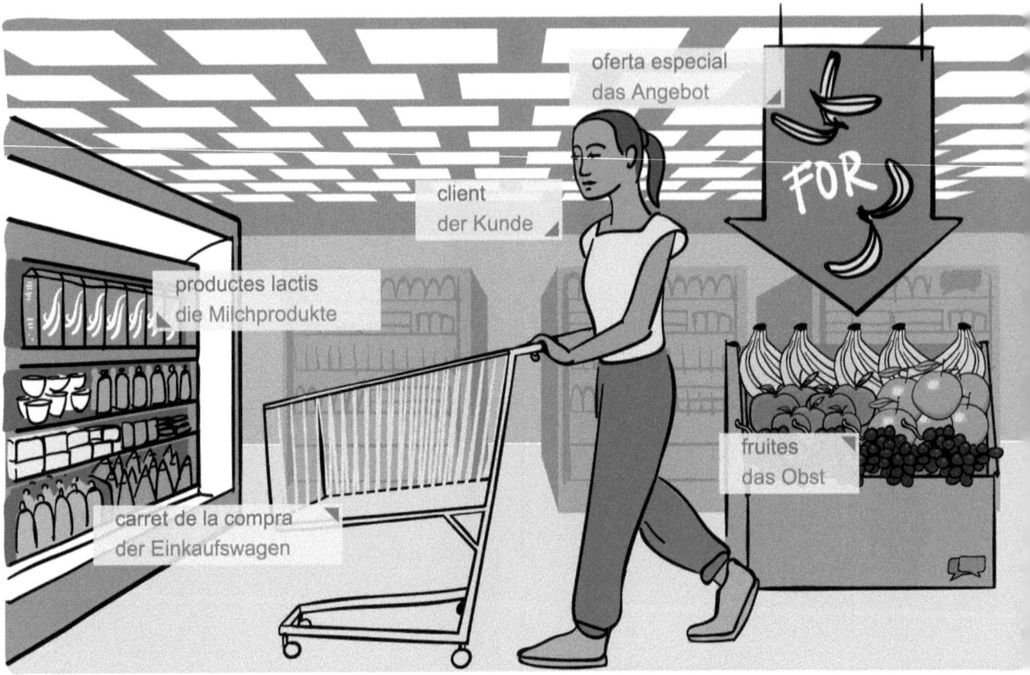

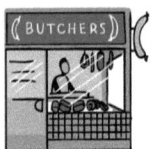

carnisseria

die Schlachterei

BAKERY

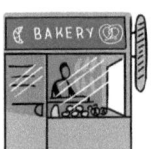

forn de pa

die Bäckerei

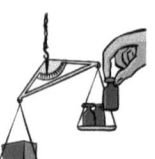

pesar

wiegen

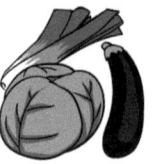

verdures

das Gemüse

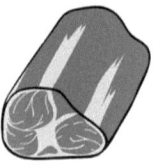

carn

das Fleisch

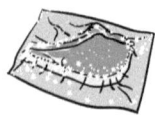

menjar congelat

die Tiefkühlkost

carn freda

der Aufschnitt

conserves

die Konserven

detergent en pols

das Waschmittel

dolços

die Süßigkeiten

articles domèstics

die Haushaltsartikel

productes de neteja

das Reinigungsmittel

venedora

die Verkäuferin

caixa registradora

die Kassa

caixera

die Kassiererin

llista de la compra

die Einkaufsliste

horari d'obertura

die Öffnungszeiten

portamonedes

die Brieftasche

carta de crèdit

die Kreditkarte

bossa

die Tasche

bossa de plàstic

die Plastiktüte

aigua

das Wasser

suc

der Saft

llet

die Milch

coca-cola

die Cola

vi

der Wein

cervesa

das Bier

alcohol

der Alkohol

cacau

der Kakao

te

der Tee

cafè

der Kaffee

espresso

der Espresso

cappuccino

der Cappuccino

banana

die Banane

poma

der Apfel

taronja

die Orange

síndria

die Melone

llimona

die Zitrone

pastanaga

die Karotte

all

der Knoblauch

bambú

der Bambus

ceba

die Zwiebel

bolet

der Pilz

avellanes

die Nüsse

fideus

die Nudeln

espaguetis

die Spaghetti

arròs

der Reis

amanida

der Salat

patates fregides

die Pommes frites

patates fregides

die Bratkartoffeln

pizza

die Pizza

hamburguesa

der Hamburger

entrepà

das Sandwich

escalopa

das Schnitzel

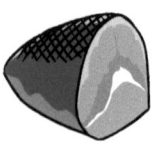

cuixot

der Schinken

salami

die Salami

salsitxa

die Wurst

pollastre

das Huhn

rostit

der Braten

peix

der Fisch

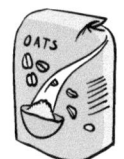

flocs de civada

die Haferflocken

musli

das Müsli

cereals

die Cornflakes

farina

das Mehl

croissant

das Croissant

panet

die Semmel

pa

das Brot

torrada

der Toast

bescuits

die Kekse

mantega

die Butter

mató

der Topfen

pastís

der Kuchen

ou

das Ei

ou fregit

das Spiegelei

formatge

der Käse

gelat

die Eiscreme

sucre

der Zucker

mel

der Honig

melmelada

die Marmelade

crema de xocolata

der Schokoladenaufstrich

curri

das Curry

granja
der Bauernhof

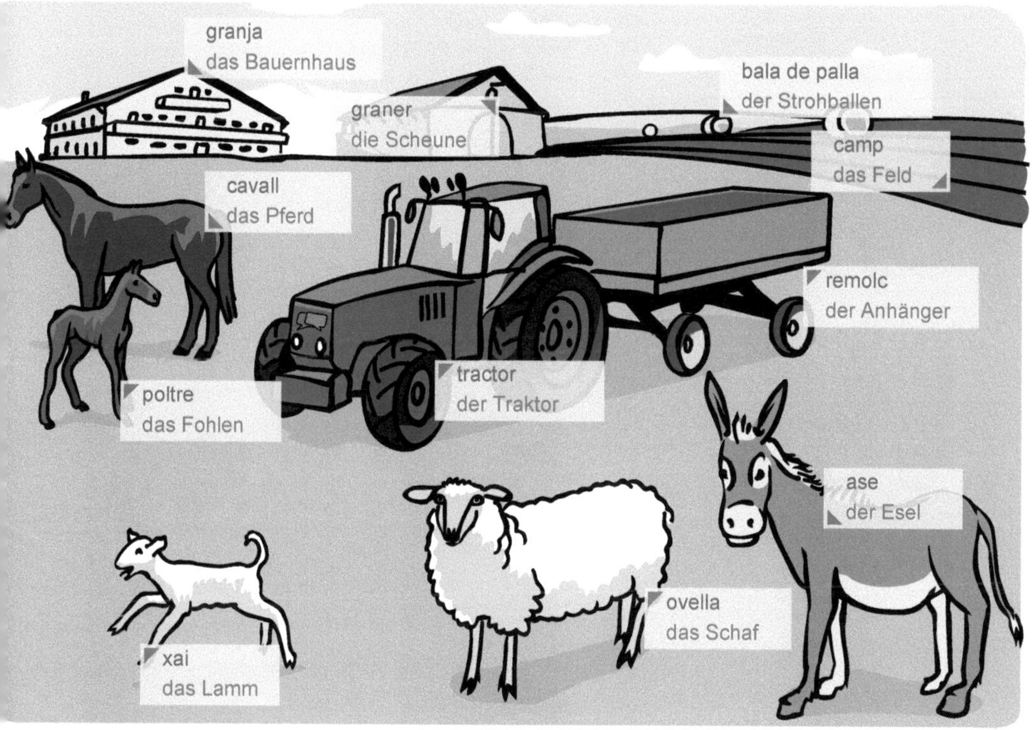
granja
das Bauernhaus
graner
die Scheune
bala de palla
der Strohballen
camp
das Feld
cavall
das Pferd
remolc
der Anhänger
poltre
das Fohlen
tractor
der Traktor
ase
der Esel
ovella
das Schaf
xai
das Lamm

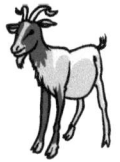

cabra
die Ziege

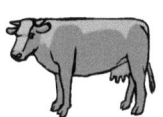

vaca
die Kuh

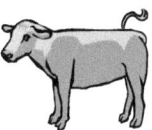

vedella
das Kalb

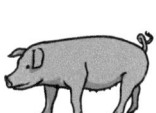

porc
das Schwein

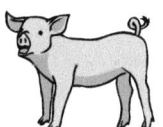

garrí
das Ferkel

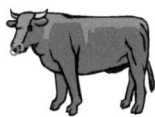

bou
der Stier

oca

die Gans

ànec

die Ente

poll

das Küken

gall

das Huhn

gallina

der Hahn

rata

die Ratte

gat

die Katze

ratolí

die Maus

bou

der Ochse

gos

der Hund

gossera

die Hundehütte

mànega de regar

der Gartenschlauch

regadora

die Gießkanne

dalla

die Sense

arada

der Pflug

falç

die Sichel

aixada

die Hacke

forca

die Mistgabel

destral

die Axt

carretó

die Schubkarre

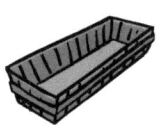

abeurador

der Trog

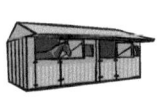

lletera

die Milchkanne

sac

der Sack

tanca

der Zaun

establa

der Stall

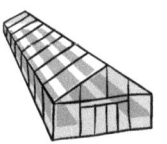

hivernacle

das Treibhaus

sòl

der Boden

llavor

die Saat

adob

der Dünger

collidora

der Mähdrescher

collir

ernten

collita

die Ernte

nyam

die Yamswurzel

blat

der Weizen

soja

das Soja

patata

der Erdapfel

blat de moro o d'indi

der Mais

colza

der Raps

arbre fruiter

der Obstbaum

mandioca

der Maniok

cereals

das Getreide

casa

das Haus

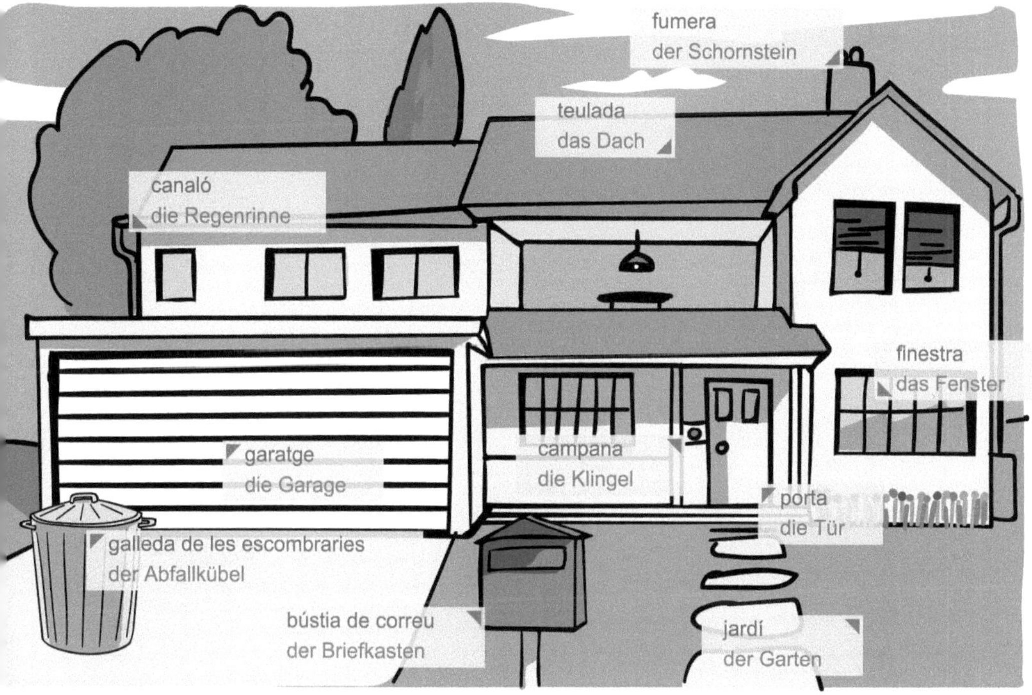
fumera
der Schornstein
teulada
das Dach
canaló
die Regenrinne
finestra
das Fenster
garatge
die Garage
campana
die Klingel
porta
die Tür
galleda de les escombraries
der Abfallkübel
bústia de correu
der Briefkasten
jardí
der Garten

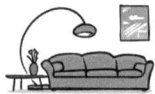

sala d'estar

das Wohnzimmer

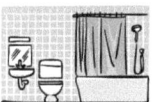

bany

das Badezimmer

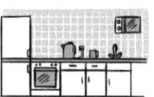

cuina

die Küche

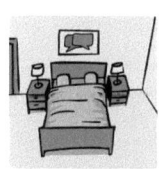

cambra de dormir

das Schlafzimmer

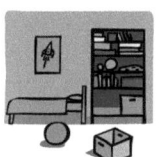

cambra de nen

das Kinderzimmer

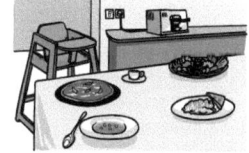

menjador

das Esszimmer

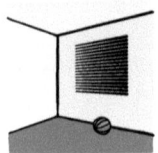

sòl
....
der Boden

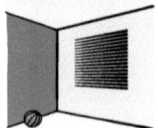

paret
....
die Wand

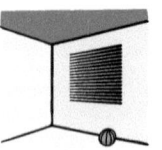

sostre
....
die Decke

soterrani
....
der Keller

sauna
....
die Sauna

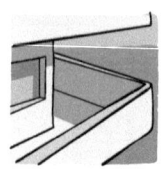

balcó
....
der Balkon

terrassa
....
die Terrasse

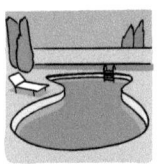

piscina
....
das Schwimmbad

tallagespa
....
der Rasenmäher

vànova
....
der Bettbezug

cobrellit
....
die Bettdecke

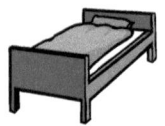

llit
....
das Bett

escombra
....
der Besen

galleda
....
der Kübel

interruptor
....
der Schalter

sala d'estar
das Wohnzimmer

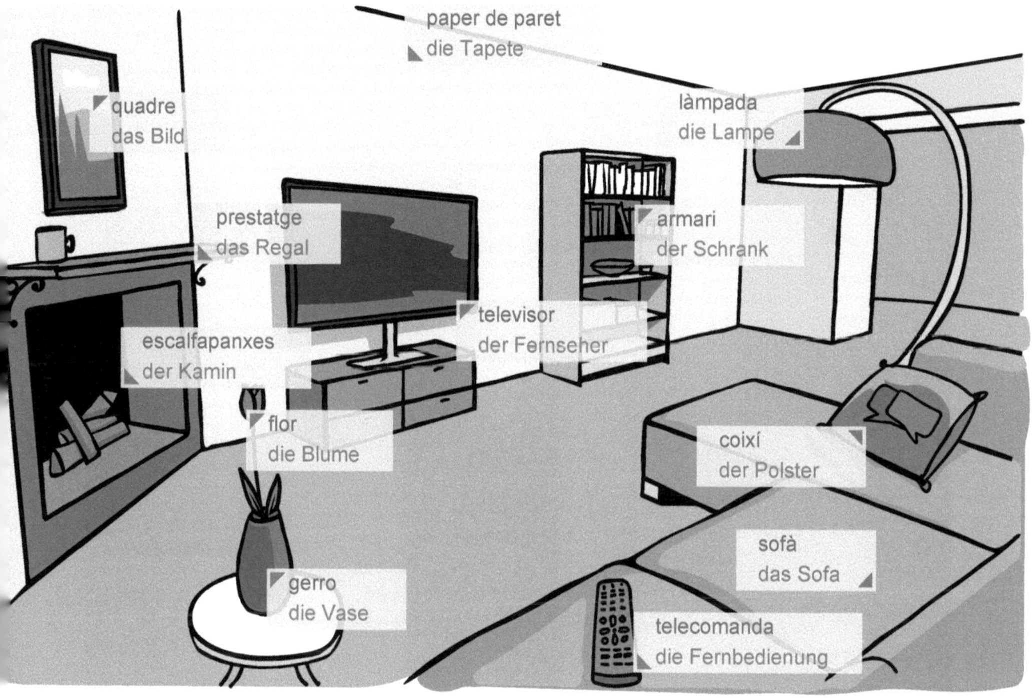

paper de paret
die Tapete
quadre
das Bild
làmpada
die Lampe
prestatge
das Regal
armari
der Schrank
televisor
der Fernseher
escalfapanxes
der Kamin
flor
die Blume
coixí
der Polster
sofà
das Sofa
gerro
die Vase
telecomanda
die Fernbedienung

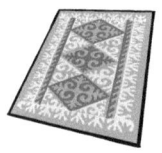

catifa

der Teppich

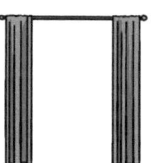

cortina

der Vorhang

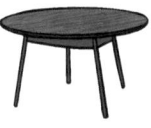

taula

der Tisch

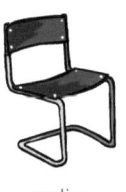

cadira

der Sessel

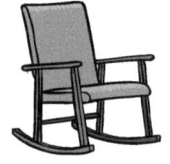

cadira gronxadora

der Schaukelstuhl

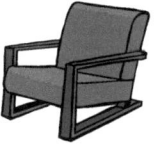

cadiral

der Sessel

llibre

das Buch

llençol

die Decke

decoració

die Dekoration

llenya

das Feuerholz

film

der Film

cadena de música

die Stereoanlage

clau

der Schlüssel

diari

die Zeitung

pintura

das Gemälde

cartell

das Poster

ràdio

das Radio

bloc de notes

der Notizblock

aspiradora

der Staubsauger

cactus

der Kaktus

candela

die Kerze

cuina
die Küche

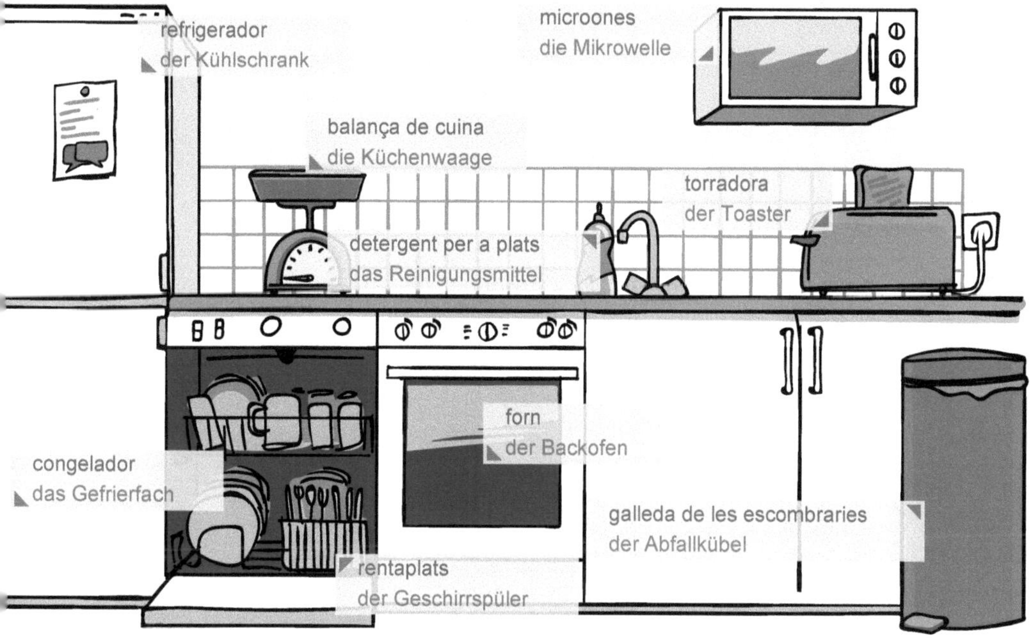
refrigerador
der Kühlschrank
microones
die Mikrowelle
balança de cuina
die Küchenwaage
torradora
der Toaster
detergent per a plats
das Reinigungsmittel
forn
der Backofen
congelador
das Gefrierfach
galleda de les escombraries
der Abfallkübel
rentaplats
der Geschirrspüler

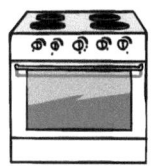

cuina de fogons
der Herd

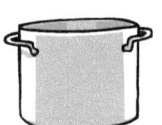

olla
der Topf

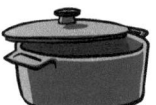

olla de ferro colat
der Eisentopf

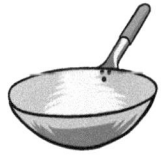

wok / karahi
der Wok / Kadai

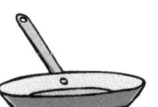

paella
die Pfanne

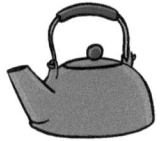

bullidor
der Wasserkocher

olla de vapor

der Dampfgarer

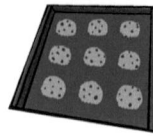

plata de forn

das Backblech

vaixella

das Geschirr

tassa grossa

der Becher

bol

die Schale

bastonets xinesos

die Essstäbchen

culler

der Schöpflöffel

espàtula

der Pfannenwender

batedor

der Schneebesen

colador

das Kochsieb

sedàs

das Sieb

ratllador

die Reibe

morter

der Mörser

barbacoa

der Grill

foc a terra

das Kaminfeuer

taula de tallar

das Schneidebrett

corró

das Nudelholz

llevataps

der Korkenzieher

pot de conserva

die Dose

obridor

der Dosenöffner

agafador

der Topflappen

aigüera

das Waschbecken

raspall

die Bürste

esponja

der Schwamm

batedora

der Mixer

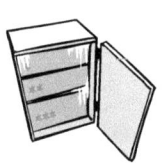

congelador

die Gefriertruhe

biberó

die Babyflasche

aixeta

der Wasserhahn

bany

das Badezimmer

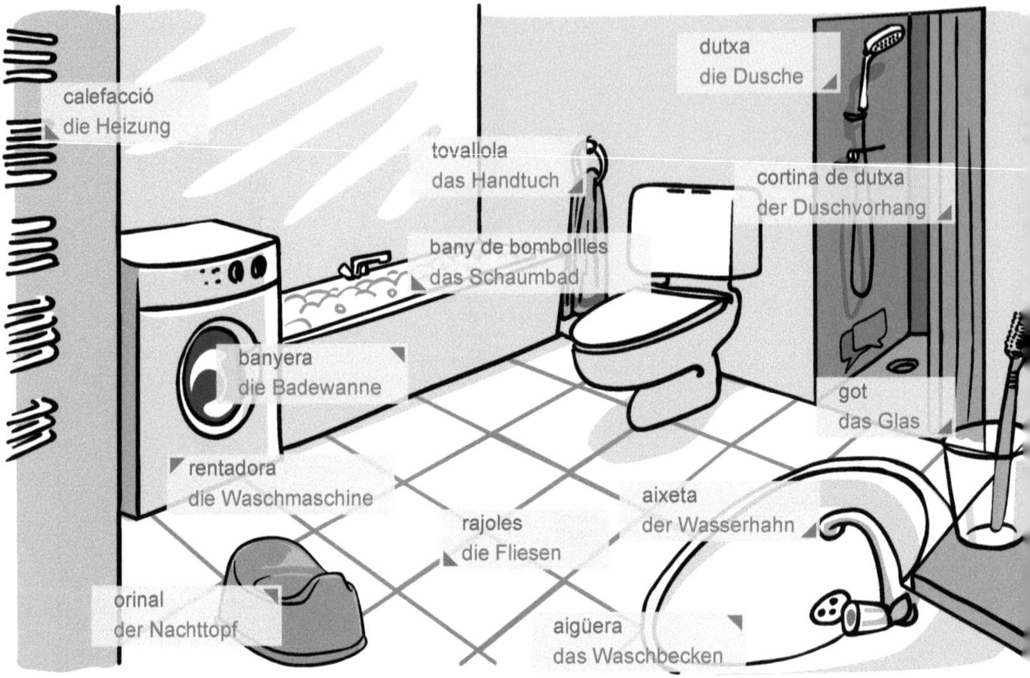

dutxa
die Dusche
calefacció
die Heizung
tovallola
das Handtuch
cortina de dutxa
der Duschvorhang
bany de bombolles
das Schaumbad
banyera
die Badewanne
got
das Glas
rentadora
die Waschmaschine
aixeta
der Wasserhahn
rajoles
die Fliesen
orinal
der Nachttopf
aigüera
das Waschbecken

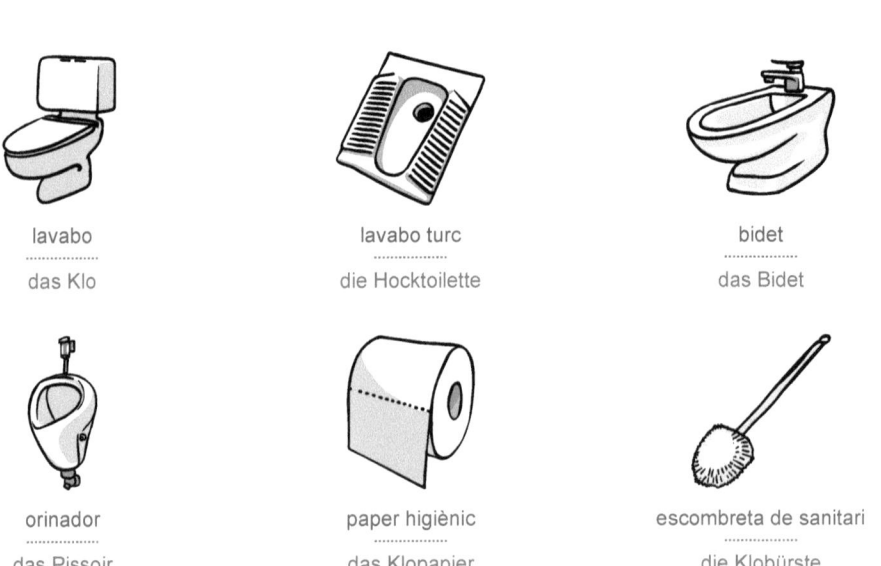

lavabo

das Klo

lavabo turc

die Hocktoilette

bidet

das Bidet

orinador

das Pissoir

paper higiènic

das Klopapier

escombreta de sanitari

die Klobürste

raspall de dents

die Zahnbürste

pasta de dents

die Zahnpasta

fil dental

die Zahnseide

rentar

waschen

pom de dutxa

die Handbrause

dutxa íntima

die Intimdusche

rentamans

die Waschschüssel

raspall per a l'esquena

die Rückenbürste

sabó

die Seife

gel de dutxa

das Duschgel

xampú

das Shampoo

manyopla de bany

der Waschlappen

bonera

der Abfluss

crema

die Creme

desodorant

das Deodorant

mirall

der Spiegel

mirall-espill de mà

der Kosmetikspiegel

maquineta de rasar

der Rasierer

espuma de barbejar

der Rasierschaum

loció post-rasada

das Rasierwasser

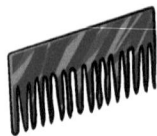

pinta

der Kamm

raspall

die Bürste

eixugador

der Föhn

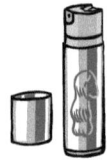

laca

das Haarspray

maquillatge

das Makeup

pintallavis

der Lippenstift

esmalt d'ungles

der Nagellack

cotó

die Watte

tallaungles

die Nagelschere

perfum

das Parfum

estoig de bellesa

der Kulturbeutel

tamboret

der Hocker

bàscula

die Waage

barnús

der Bademantel

guants de goma

die Gummihandschuhe

compresa higiènica

das Tampon

compresa

die Damenbinde

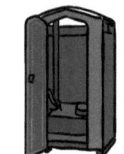

sanitari químic

die Chemietoilette

cambra de nen
das Kinderzimmer

despertador
der Wecker
animal de peluix
das Kuscheltier
auto de joguina
das Spielzeugauto
sonall
die Rassel
casa de nines
das Puppenhaus
present
das Geschenk

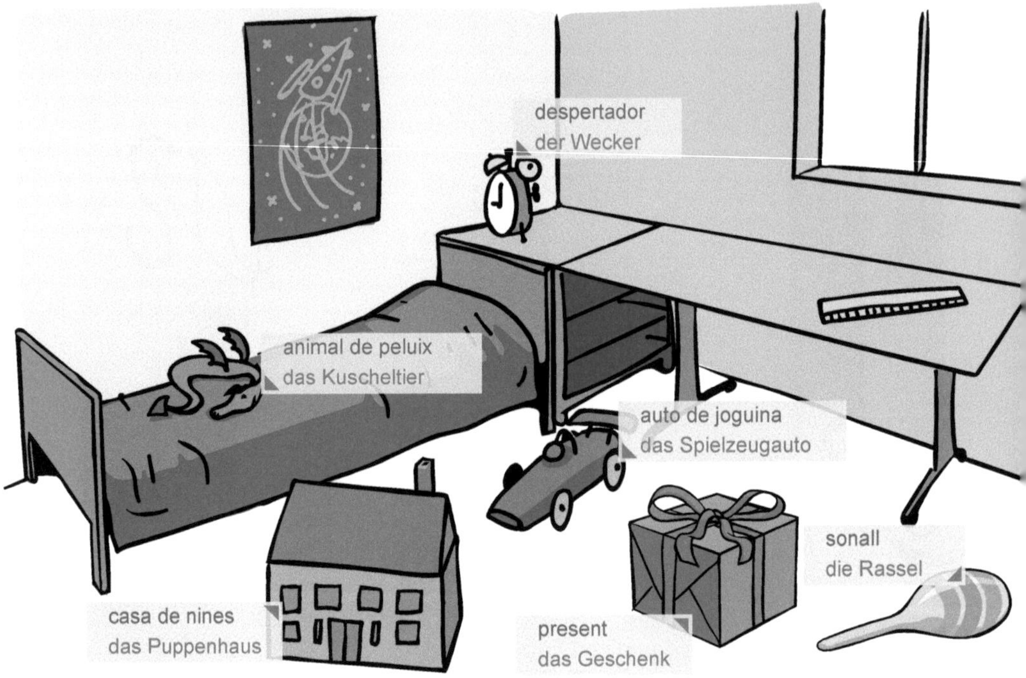

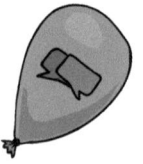

baló
....
der Ballon

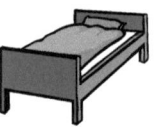

llit
....
das Bett

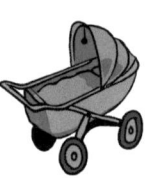

cotxet per a nens
....
der Kinderwagen

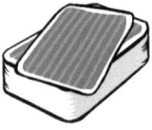

joc de cartes
....
das Kartenspiel

trencaclosca
....
das Puzzle

SUPER
MEGA

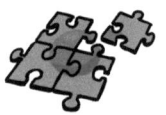

historieta
....
der Comic

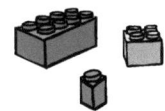

peces de lego

die Legosteine

peces de construcció

die Bausteine

ninot d'acció

die Actionfigur

granota

der Strampelanzug

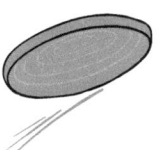

frisbee

das Frisbee

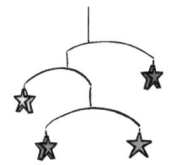

mòbil per a bressol

das Mobile

joc de taula

das Brettspiel

daus

der Würfel

tren elèctric

die Modelleisenbahn

xumet

der Schnuller

festa

die Party

llibre de dibuixos

das Bilderbuch

pilota

der Ball

nina

die Puppe

jugar

spielen

sorrera

der Sandkasten

gronxador

die Schaukel

joguines

das Spielzeug

consola de jocs de vídeo

die Spielkonsole

tricicle

das Dreirad

osset de peluix

der Teddy

armari

der Kleiderschrank

roba

die Kleidung

mitjons

die Socken

mitges

die Strümpfe

mitja pantaló

die Strumpfhose

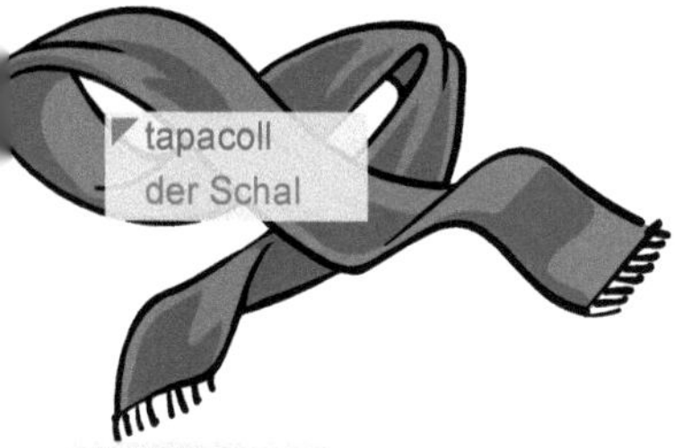

tapacoll
der Schal

paraigua
der Regenschirm

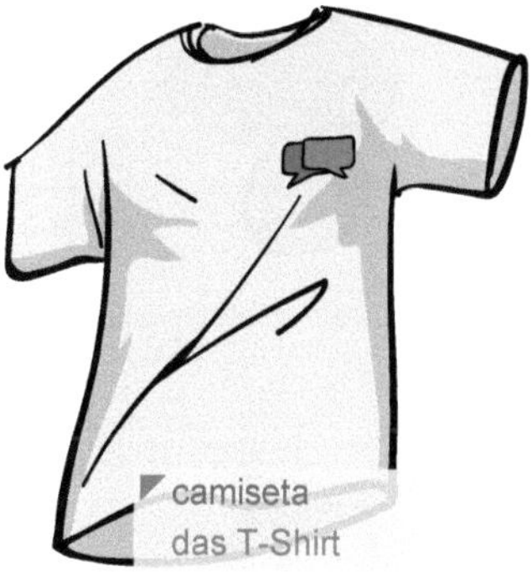

camiseta
das T-Shirt

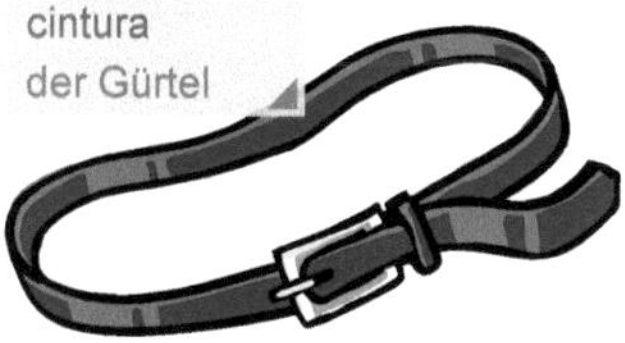

cintura
der Gürtel

sabates d'esport
die Turnschuhe

botes
die Stiefel

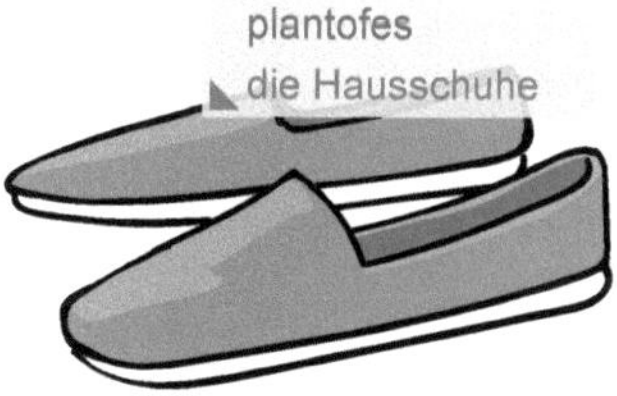

plantofes
die Hausschuhe

sandàlies
....
die Sandalen

sabates
....
die Schuhe

botes de goma
....
die Gummistiefel

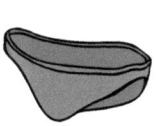

calçonets
....
die Unterhose

sostenidor
....
der Bustenhalter

guardapits
....
das Unterhemd

jjustacòs

der Body

pantalons

die Hose

jeans

die Jeans

faldeta

der Rock

brusa

die Bluse

camisa

das Hemd

jersei

der Pullover

dessuadora

der Kapuzenpullover

blazer

der Blazer

jaqueta

die Jacke

mantell

der Mantel

impermeable

der Regenmantel

vestit de dona

das Kostüm

vestit de dona

das Kleid

vestit de núvia

das Hochzeitskleid

vestit d'home

der Anzug

camisa de dormir

das Nachthemd

pijama

der Pyjama

sari

der Sari

mocador de cap

das Kopftuch

turbant

der Turban

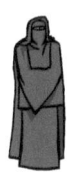

burca

die Burka

caftan

der Kaftan

abaia

die Abaya

vestit de bany

der Badeanzug

calçon(et)s de bany

die Badehose

pantalons curts

die kurze Hose

xandall

der Jogginganzug

davantal

die Schürze

guants

die Handschuhe

botó

der Knopf

ulleres

die Brille

braçalet

das Armband

collaret

die Halskette

anell

der Ring

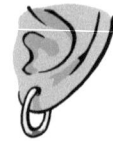

orellera

der Ohrring

casquet

die Mütze

penjador

der Kleiderbügel

capell

der Hut

corbata

die Krawatte

cremallera

der Reißverschluss

casc

der Helm

elàstics

der Hosenträger

uniforme escolar

die Schuluniform

uniforme

die Uniform

pitet
das Lätzchen

xumet
der Schnuller

bolquer
die Windel

oficina
das Büro

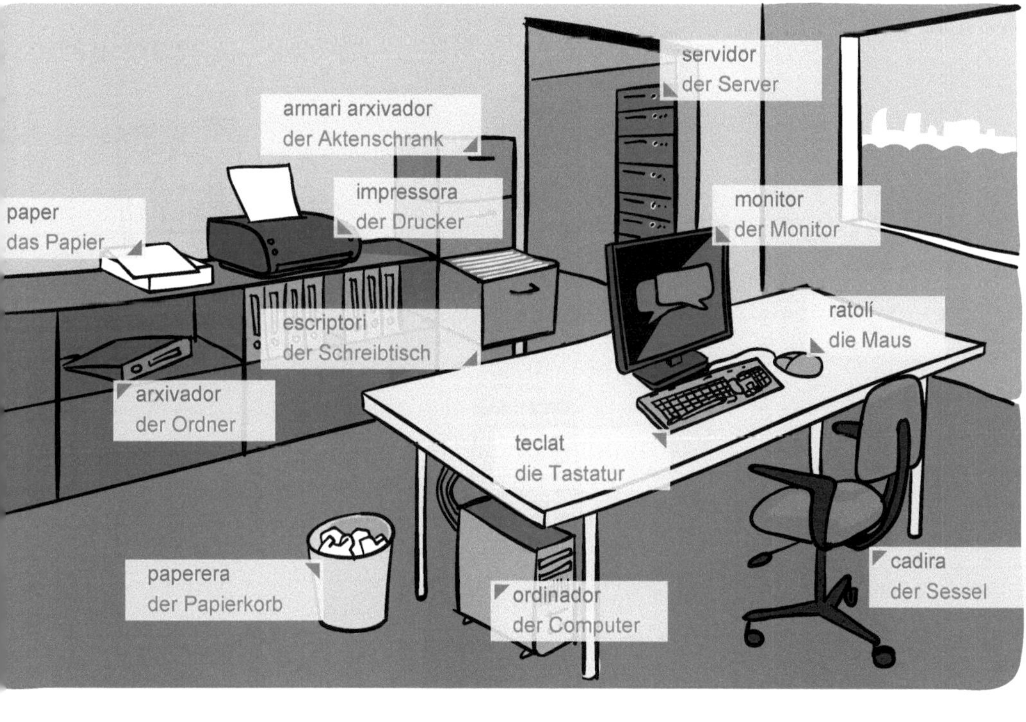

servidor
der Server

armari arxivador
der Aktenschrank

impressora
der Drucker

monitor
der Monitor

paper
das Papier

escriptori
der Schreibtisch

ratolí
die Maus

arxivador
der Ordner

teclat
die Tastatur

paperera
der Papierkorb

ordinador
der Computer

cadira
der Sessel

tassa de cafè
der Kaffeebecher

calculadora
der Taschenrechner

Internet
das Internet

ordinador portàtil

der Laptop

lletra

der Brief

missatge

die Nachricht

mòbil

das Handy

xarxa

das Netzwerk

fotocopiadora

der Kopierer

programari

die Software

telèfon

das Telefon

presa de corrent

die Steckdose

fax

das Fax

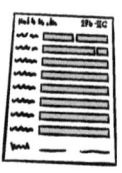

formulari

das Formular

document

das Dokument

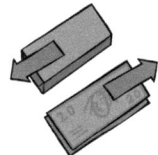

comprar

kaufen

pagar

bezahlen

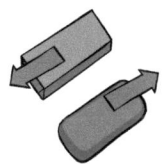

comerciar

handeln

diners

das Geld

dòlar

der Dollar

euro

der Euro

ien

der Yen

ruble

der Rubel

franc suís

der Franken

renminbi

der Renminbi Yuan

rupia

die Rupie

caixa automàtica

der Bankomat

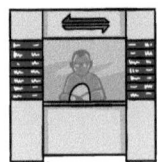

oficina de canvi

die Wechselstube

or

das Gold

argent

das Silber

petroli

das Öl

energia

die Energie

preu

der Preis

contracte

der Vertrag

impost

die Steuer

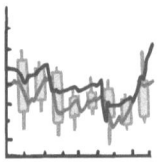

acció

die Aktie

treballar

arbeiten

treballador

der Angestellte

empresari

der Arbeitgeber

fàbrica

die Fabrik

botiga

das Geschäft

oficis

die Berufe

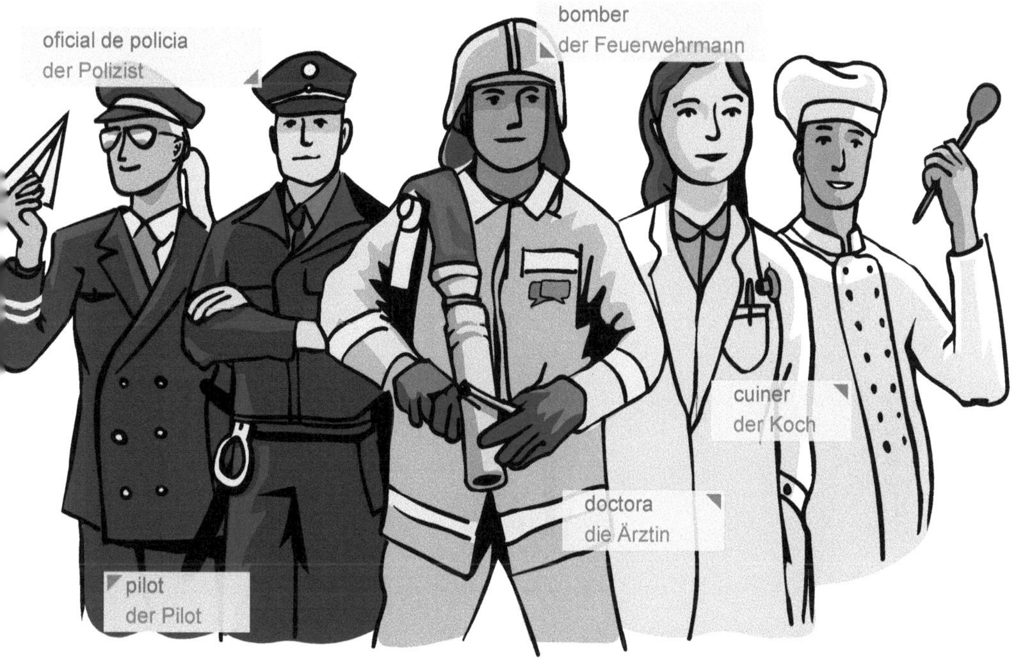
oficial de policia
der Polizist
bomber
der Feuerwehrmann
cuiner
der Koch
doctora
die Ärztin
pilot
der Pilot

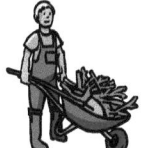

jardiner

der Gärtner

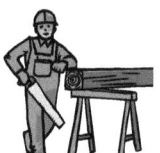

fuster

der Tischler

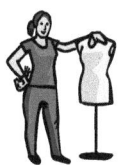

costurera

die Schneiderin

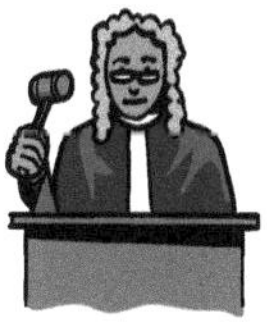

jutge

der Richter

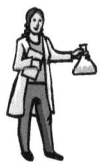

química

die Chemikerin

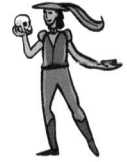

actor

der Schauspieler

conductor d'autobús

der Busfahrer

taxista

der Taxifahrer

pescador

der Fischer

dona de la neteja

die Putzfrau

ensostrador

der Dachdecker

cambrer

der Kellner

caçador

der Jäger

pintor

der Maler

forner

der Bäcker

electricista

der Elektriker

obrer de la construcció

der Bauarbeiter

enginyer

der Ingenieur

carnisser

der Schlachter

llanterner

der Installateur

correu

die Briefträgerin

soldat

der Soldat

arquitecte

der Architekt

caixera

die Kassiererin

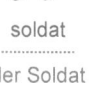

florista

die Blumenhändlerin

perruquer

der Friseur

revisor

der Schaffner

mecànic

der Mechaniker

capità

der Kapitän

dentista

die Zahnärztin

científic

der Wissenschaftler

rabí

der Rabbi

imam

der Imam

monjo

der Mönch

capellà

der Pfarrer

eines

die Werkzeuge

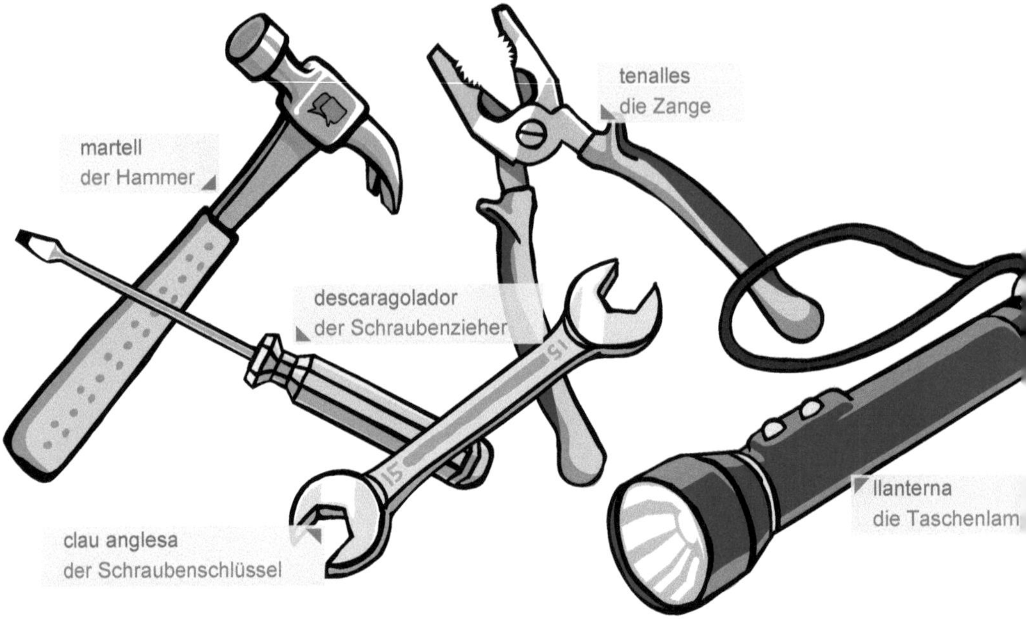
tenalles
die Zange
martell
der Hammer
descaragolador
der Schraubenzieher
llanterna
die Taschenlam
clau anglesa
der Schraubenschlüssel

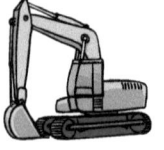

excavadora

der Bagger

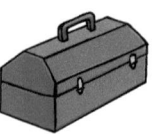

caixa d'eines

der Werkzeugkasten

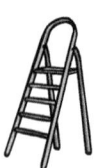

escala

die Leiter

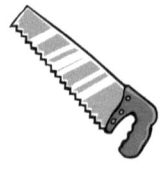

serra

die Säge

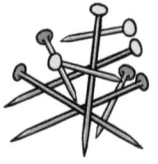

claus

die Nägel

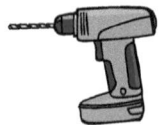

trepant

der Bohrer

reparar

reparieren

pala

die Schaufel

Maleït siga!

Scheiße!

pala

die Kehrschaufel

pot de pintura

der Farbtopf

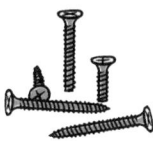

caragols

die Schrauben

instrument de música
die Musikinstrumente

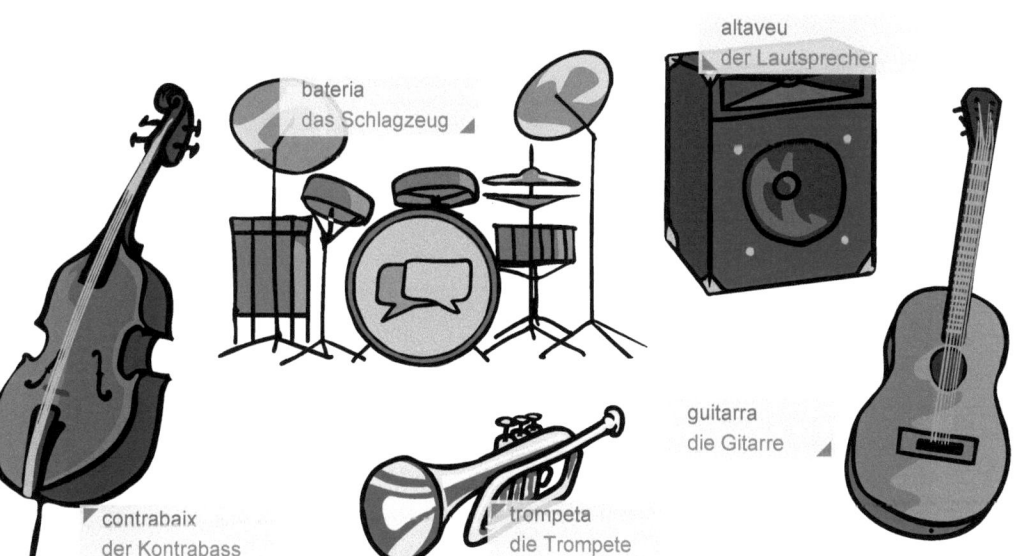

altaveu
der Lautsprecher

bateria
das Schlagzeug

guitarra
die Gitarre

contrabaix
der Kontrabass

trompeta
die Trompete

piano

das Klavier

violí

die Violine

baix

der Bass

timbal

die Pauke

tambor

die Trommeln

teclat

die Tastatur

saxofon

das Saxophon

flauta

die Flöte

micròfon

das Mikrofon

instrument de música - die Musikinstrumente

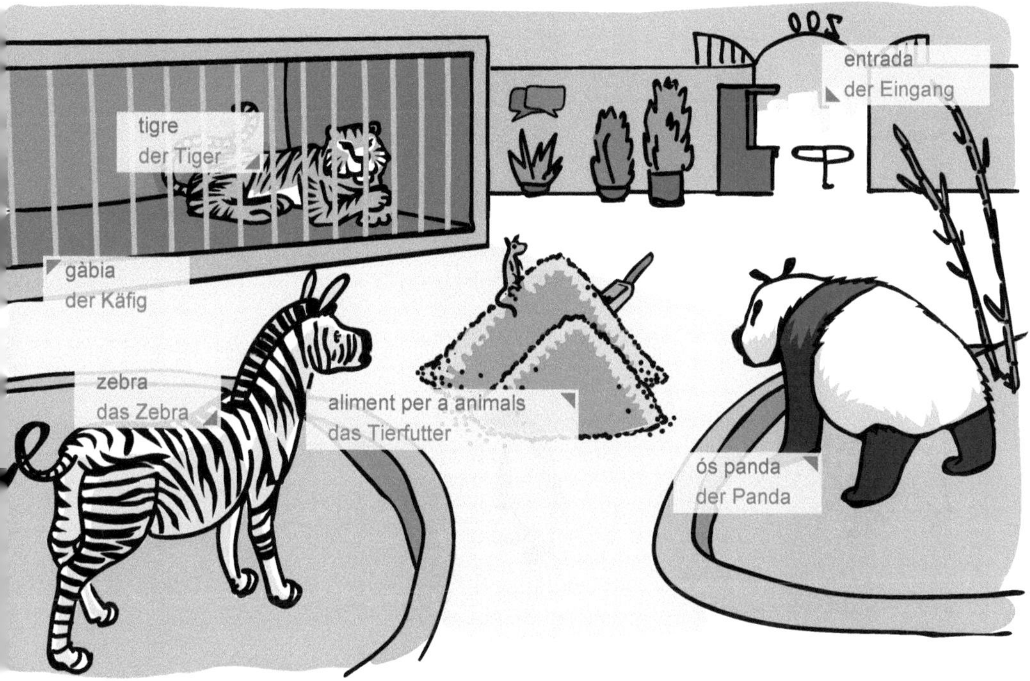

entrada
der Eingang

tigre
der Tiger

gàbia
der Käfig

zebra
das Zebra

aliment per a animals
das Tierfutter

ós panda
der Panda

animals
die Tiere

elefant
der Elefant

cangurú
das Känguru

rinoceront
das Nashorn

goril·la
der Gorilla

ós
der Bär

camell

das Kamel

estruç

der Strauß

lleó

der Löwe

simi

der Affe

flamenc

der Flamingo

papagai

der Papagei

ós polar

der Eisbär

pingüí

der Pinguin

ca mari

der Hai

paó

der Pfau

serp

die Schlange

cocodril

das Krokodil

guardià del zoo

der Zoowärter

foca

die Robbe

jaguar

der Jaguar

zoo - der Zoo

poni

das Pony

lleopard

der Leopard

hipopòtam

das Nilpferd

girafa

die Giraffe

àliga

der Adler

senglar

das Wildschwein

peix

der Fisch

tortuga

die Schildkröte

morsa

das Walross

guineu

der Fuchs

gasela

die Gazelle

futbol americà
das American Football

ciclisme
das Radfahren

tenis
das Tennis

bàsquet
der Basketball

natació
das Schwimmen

boxa
das Boxen

hoquei sobre gel
das Eishockey

futbol americà
der Fußball

bàdminton
das Badminton

atletisme
die Leichtathletik

handbol
der Handball

esquí
das Skifahren

polo
das Polo

activitats
die Aktivitäten

saltar
springen
abraçar
umarmen
riure
lachen
anar
gehen
cantar
singen
somiar
träumen
pregar
beten
fer un petó
küssen

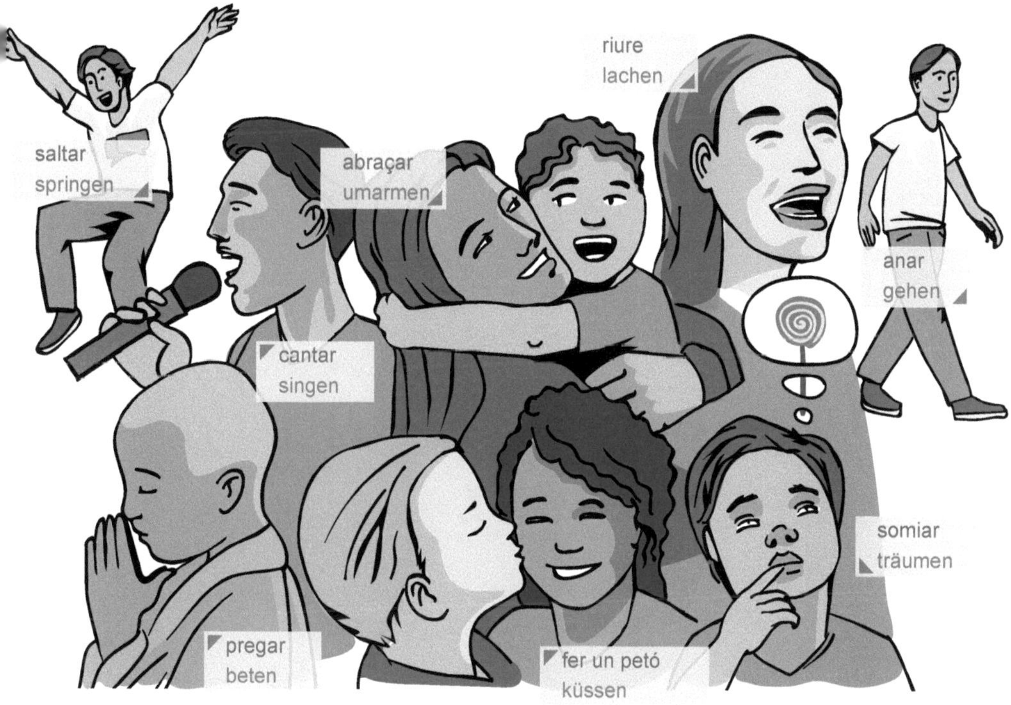

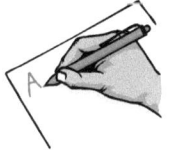

escriure
schreiben

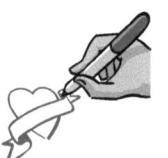

dibuixar
zeichnen

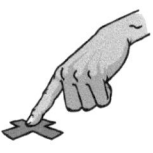

mostrar
zeigen

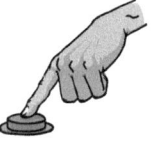

pitjar
drücken

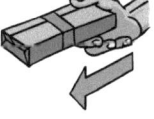

donar
geben

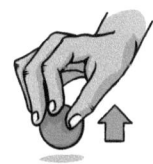

prendre
nehmen

tenir

haben

fer

machen

ésser

sein

estar dret

stehen

córrer

laufen

estirar

ziehen

llançar

werfen

caure

fallen

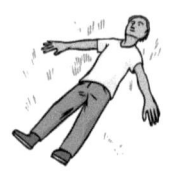

jeure

liegen

esperar

warten

portar

tragen

asseure's

sitzen

vestir-se

anziehen

dormir

schlafen

despertar-se

aufwachen

mirar

ansehen

plorar

weinen

amoixar

streicheln

pentinar

frisieren

parlar

reden

comprendre

verstehen

demanar

fragen

escoltar

hören

beure

trinken

menjar

essen

endreçar

zusammenräumen

estimar

lieben

cuinar

kochen

conduir

fahren

volar

fliegen

navegar

segeln

calcular

rechnen

llegir

lesen

aprendre

lernen

treballar

arbeiten

casar-se

heiraten

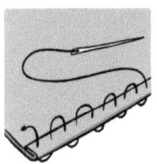

cosir

nähen

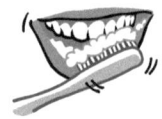

raspallar-se les dents

Zähne putzen

matar

töten

fumar

rauchen

enviar

senden

família
die Familie

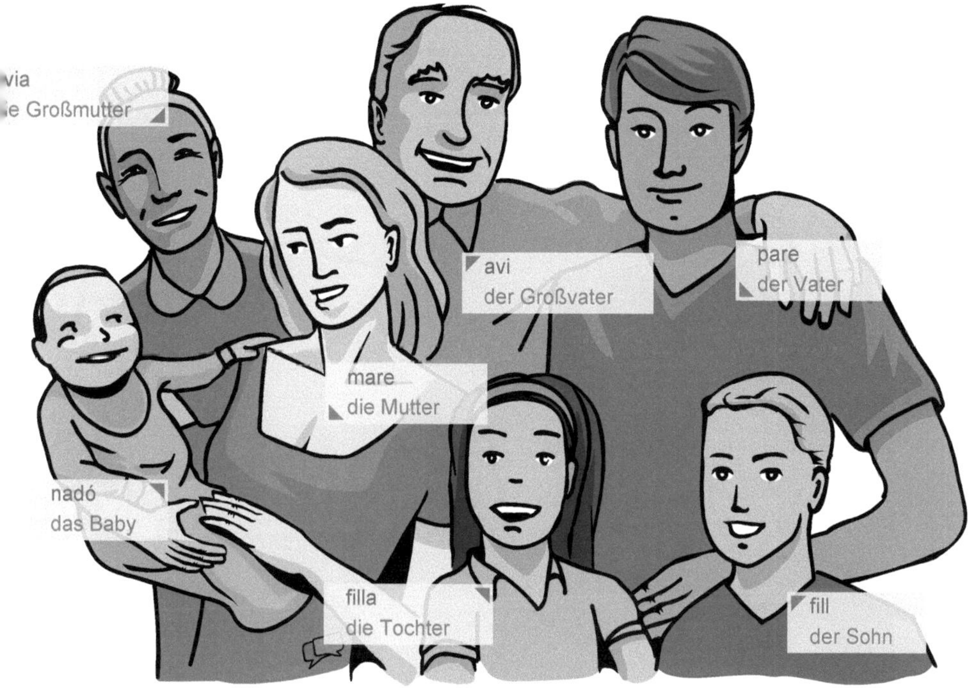

via
ie Großmutter
avi
der Großvater
pare
der Vater
mare
die Mutter
nadó
das Baby
filla
die Tochter
fill
der Sohn

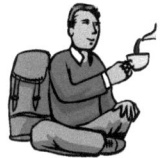

convidat
der Gast

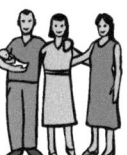

tia
die Tante

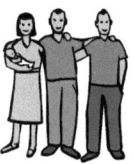

oncle
der Onkel

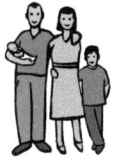

germà
der Bruder

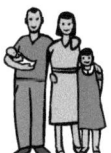

germana
die Schwester

cos

der Körper

front
die Stirn
ull
das Auge
espatlla
die Schulter
dit
der Finger
cara
das Gesicht
barbeta
das Kinn
mà
die Hand
cama
das Bein
pit
die Brust
braç
der Arm

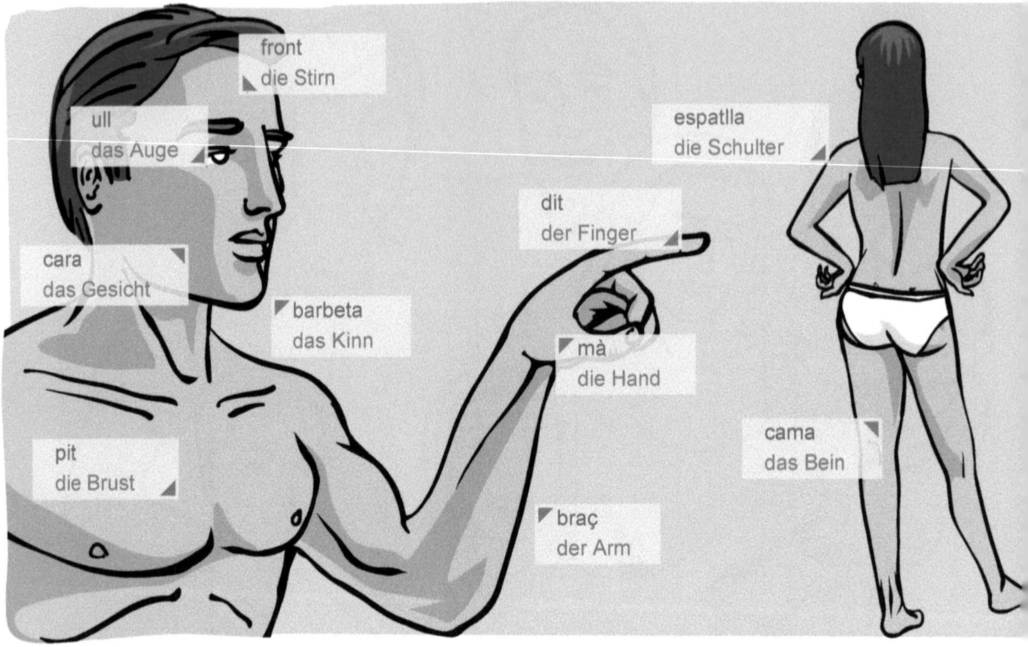

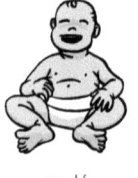

nadó

das Baby

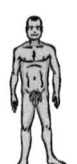

home

der Mann

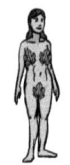

dona

die Frau

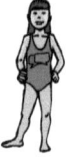

noia

das Mädchen

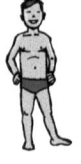

noi

der Junge

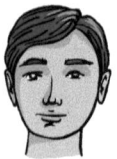

cap

der Kopf

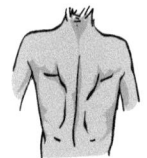

esquena

der Rücken

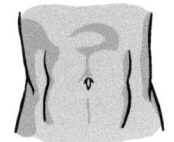

panxa

der Bauch

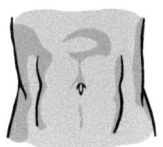

melic

der Nabel

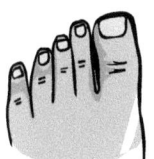

dit gros del peu

der Zeh

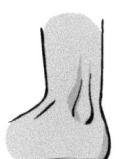

taló

die Ferse

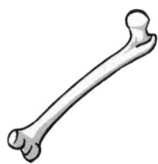

os

der Knochen

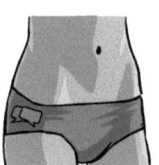

maluc

die Hüfte

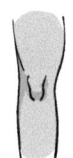

genoll

das Knie

colze

der Ellbogen

nas

die Nase

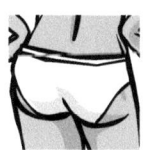

cul

das Gesäß

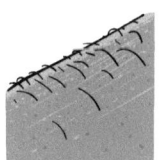

pell

die Haut

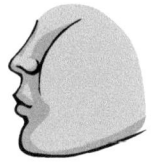

galta

die Wange

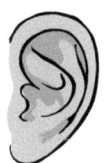

orella

das Ohr

llavi

die Lippe

boca

der Mund

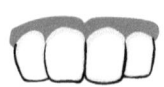

dent

der Zahn

llengua

die Zunge

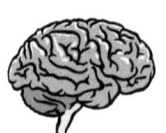

cervell

das Gehirn

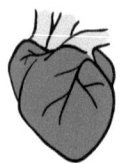

cor

das Herz

múscul

der Muskel

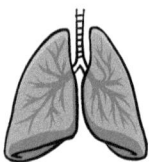

pulmó

die Lunge

fetge

die Leber

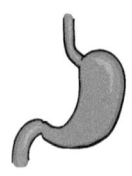

estómac

der Magen

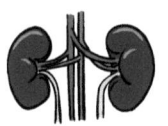

ronyó

die Nieren

relació sexual

der Geschlechtsverkehr

preservatiu

das Kondom

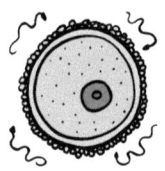

ovari

die Eizelle

semen

das Sperma

prenyat

die Schwangerschaft

cos - der Körper

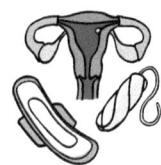

menstruació

die Menstruation

vagina

die Vagina

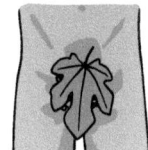

penis

der Penis

cella

die Augenbraue

cabells

das Haar

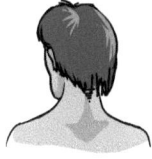

coll

der Hals

hospital
das Spital

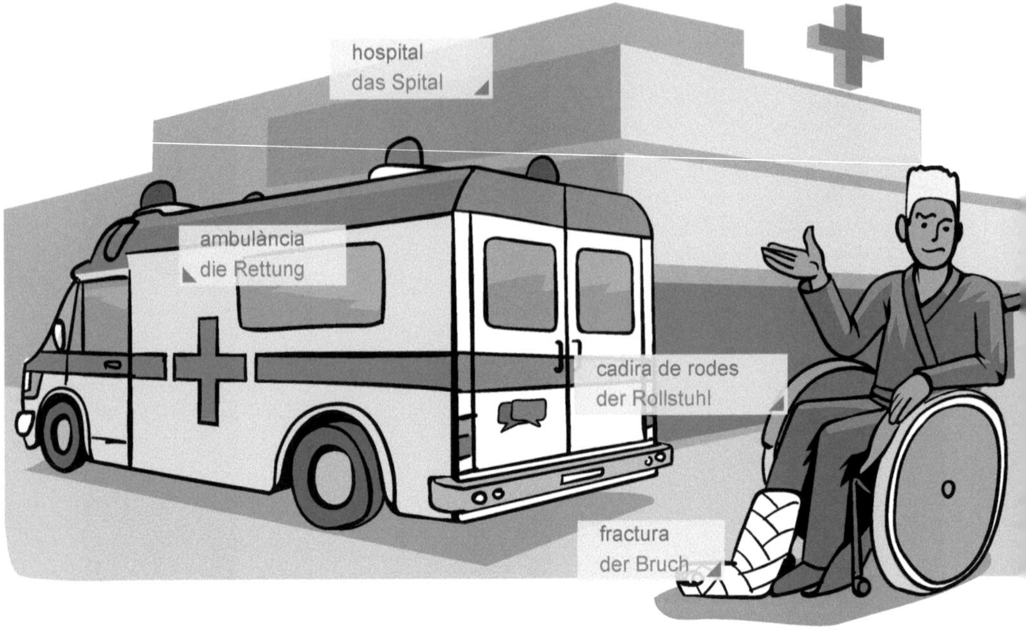

hospital
das Spital
ambulància
die Rettung
cadira de rodes
der Rollstuhl
fractura
der Bruch

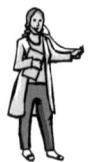

doctora

die Ärztin

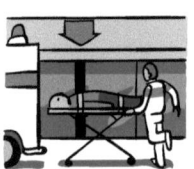

sala d'urgències

die Notaufnahme

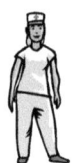

infermera

die Krankenschwester

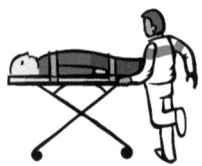

urgència

der Notfall

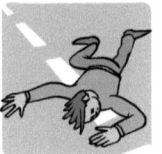

inconscient

ohnmächtig

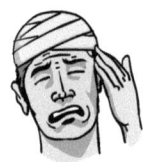

dolor

der Schmerz

ferida

die Verletzung

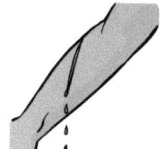

sagnament

die Blutung

atac de cor

der Herzinfarkt

apoplexia

der Schlaganfall

al·lèrgia

die Allergie

tos

der Husten

febre

das Fieber

gripa

die Grippe

diarrea

der Durchfall

mal de cap

die Kopfschmerzen

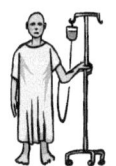

càncer

der Krebs

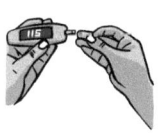

diabetis

die Diabetes

cirurgià

der Chirurg

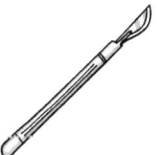

escalpel

das Skalpell

operació

die Operation

tomografia computada (TC), TAC

das CT

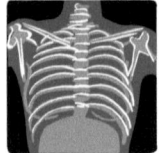

raigs x

das Röntgen

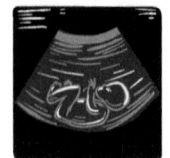

ultrasò

der Ultraschall

mascareta

die Maske

malaltia

die Krankheit

sala d'espera

das Wartezimmer

crossa

die Krücke

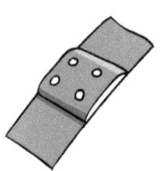

tireta

das Pflaster

embenat

der Verband

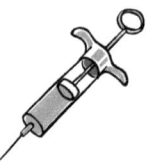

injecció

die Injektion

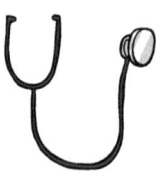

estetoscopi

das Stethoskop

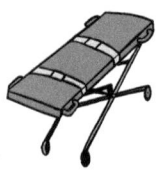

llitera

die Trage

termòmetre clínic

das Thermometer

pariment

die Geburt

sobrepès

das Übergewicht

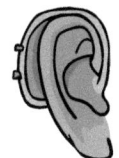

aparell auditiu

das Hörgerät

desinfectant

das Desinfektionsmittel

infecció

die Infektion

virus

das Virus

VIH / SIDA

das HIV / AIDS

medicina

die Medizin

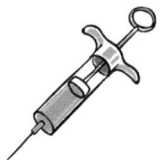

vaccí

die Impfung

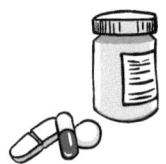

comprimits

die Tabletten

píl·lola

die Pille

trucada d'urgència

der Notruf

tensiòmetre

der Blutdruckmesser

malalt / sà

krank / gesund

Socors!

Hilfe!

alarma

der Alarm

assalt

der Überfall

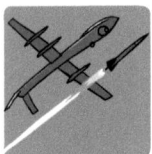

atac

der Angriff

perill

die Gefahr

sortida-eixida d'urgència

der Notausgang

Foc!

Feuer!

extintor

der Feuerlöscher

accident

der Unfall

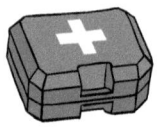

farmaciola de primers auxilis

der Erste-Hilfe-Koffer

SOS

SOS

policia

die Polizei

Europa

das Europa

Amèrica del Nord

das Nordamerika

Amèrica del Sud

das Südamerika

Àfrica

das Afrika

Àsia

das Asien

Austràlia

das Australien

Atlàntic

der Atlantik

Pacífic

der Pazifik

Oceà Índic

der Indische Ozean

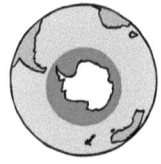

Oceà Antàrtic

der Antarktische Ozean

Oceà Àrtic

der Arktische Ozean

pol nord

der Nordpol

pol sud
....
der Südpol

Antàrtida
....
die Antarktis

terra
....
die Erde

país
....
das Land

mar
....
das Meer

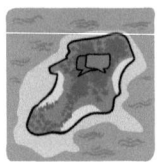

illa
....
die Insel

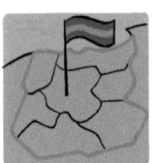

nació
....
die Nation

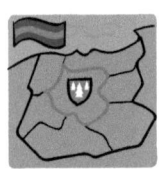

estat
....
der Staat

quadrant

das Ziffernblatt

agulla de les hores

der Stundenzeiger

agulla dels minuts

der Minutenzeiger

agulla dels segons

der Sekundenzeiger

Quina hora és?

Wie spät ist es?

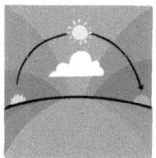

dia

der Tag

temps

die Zeit

ara

jetzt

rellotge digital

die Digitaluhr

minut

die Minute

hora

die Stunde

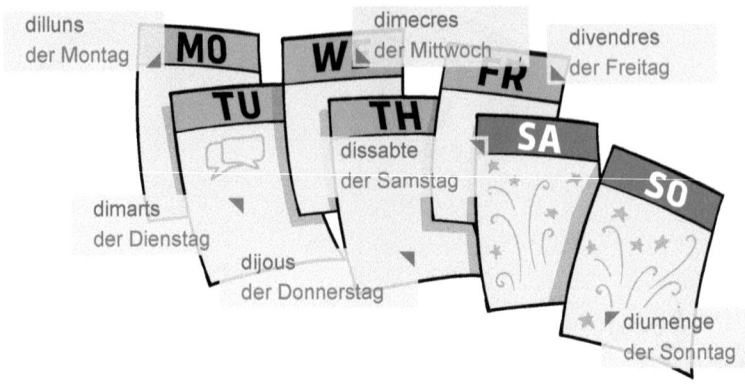

dilluns
der Montag

dimecres
der Mittwoch

divendres
der Freitag

dimarts
der Dienstag

dijous
der Donnerstag

dissabte
der Samstag

diumenge
der Sonntag

ahir

gestern

avui

heute

demà

morgen

matí

der Morgen

migdia

der Mittag

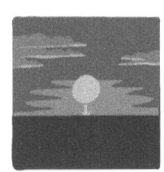

tarda

der Abend

dia feiner

die Arbeitstage

cap de setmana

das Wochenende

arc de Sant Martí
der Regenbogen

pluja
der Regen

neu
der Schnee

vent
der Wind

primavera
der Frühling

tardor
der Herbst

estiu
der Sommer

hivern
der Winter

4.APRIL	11°	☀
5.APRIL	4°	⛅
6.APRIL	13°	🌧
7.APRIL	8°	☀
8.APRIL	10°	☀

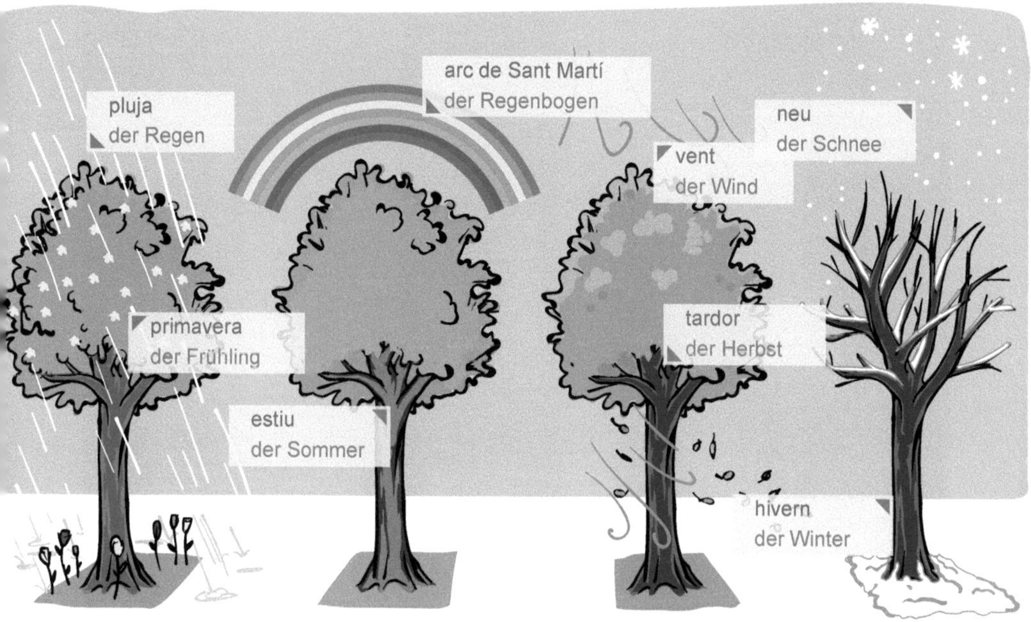

pronòstic del temps

die Wettervorhersage

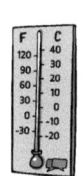

termòmetre

das Thermometer

llum del sol

der Sonnenschein

núvol

die Wolke

boira

der Nebel

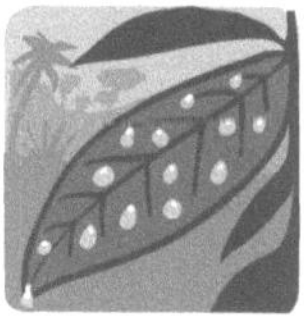

humiditat de l'aire

die Luftfeuchtigkeit

llamp

der Blitz

tro

der Donner

tempesta

der Sturm

calamarsa

der Hagel

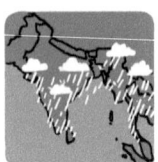

monsó

der Monsun

inundació

die Flut

gel

das Eis

gener

der Jänner

febrer

der Februar

març

der März

abril

der April

maig

der Mai

juny

der Juni

juliol

der Juli

agost

der August

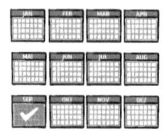

setembre

der September

octubre

der Oktober

novembre

der November

desembre

der Dezember

formes
die Formen

cercle

der Kreis

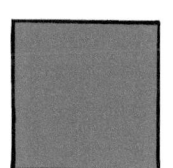

quadrat

das Quadrat

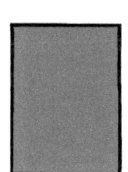

rectangle

das Rechteck

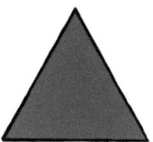

triangle

das Dreieck

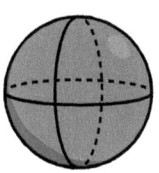

esfera

die Kugel

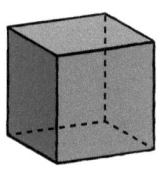

cub

der Würfel

blanc

weiß

groc

gelb

taronja

orange

rosa

pink

vermell

rot

lila

lila

blau

blau

verd

grün

marró

braun

gris

grau

negre

schwarz

molt / poc

viel / wenig

emprenyat / tranquil

wütend / friedlich

bonic / lleig

hübsch / hässlich

començament / fi

der Anfang / das Ende

gran / petit

groß / klein

clar / fosc

hell / dunkel

germà / germana

der Bruder / die Schwester

net / brut

sauber / schmutzig

complet / incomplet

vollständig / unvollständig

dia / nit

der Tag / die Nacht

mort / viu

tot / lebendig

ample / estret

breit / schmal

comestible / immenjable

genießbar / ungenießbar

dolent / amable

böse / freundlich

entusiasmat / entediat

aufgeregt / gelangweilt

gros / prim

dick / dünn

primer / darrer

zuerst / zuletzt

amic / enemic

der Freund / der Feind

ple / buit

voll / leer

dur / tou

hart / weich

pesant / lleuger

schwer / leicht

gana / set

der Hunger / der Durst

malalt / sà

krank / gesund

il·legal / legal

illegal / legal

intel·ligent / ximple

gescheit / dumm

esquerra / dreta

links / rechts

prop / llunyà

nah / fern

nou / usat

neu / gebraucht

res / quelcom

nichts / etwas

vell / jove

alt / jung

encès / apagat

an / aus

obert / tancat

offen / geschlossen

silenciós / sorollós

leise / laut

ric / pobre

reich / arm

correcte / incorrecte

richtig / falsch

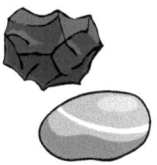

aspre / suau

rau / glatt

trist / content

traurig / glücklich

curt / llarg

kurz / lang

lent / ràpid

langsam / schnell

humit / sec - eixut

nass / trocken

calent / fred

warm / kühl

guerra / pau

der Krieg / der Frieden

0

zero

null

1

u

eins

2

dos

zwei

3

tres

drei

4

quatre

vier

5

cinc

fünf

6

sis

sechs

7

set

sieben

8

vuit

acht

9

nou

neun

10

deu

zehn

11

onze

elf

12

dotze

zwölf

13

tretze

dreizehn

14

catorze

vierzehn

15

quinze

fünfzehn

16

setze

sechzehn

17

disset

siebzehn

18

divuit

achtzehn

19

dinou

neunzehn

20

vint

zwanzig

100

cent

hundert

1.000

mil

tausend

1.000.000

milió

Million

nombres - die Zahlen

anglès

Englisch

anglès americà

Amerikanisches Englisch

xinès mandarí

Chinesisch (Mandarin)

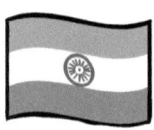

hindi

Hindi

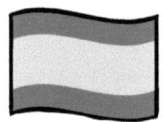

espanyol

Spanisch

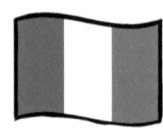

francès

Französisch

àrab

Arabisch

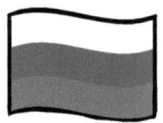

rus

Russisch

portuguès

Portugiesisch

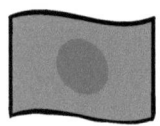

bengalí

Bengalisch

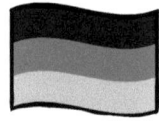

alemany

Deutsch

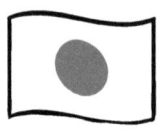

japonès

Japanisch

jo
ich

tu
du

ell / ella / allò
er / sie / es

nosaltres
wir

vosaltres
ihr

ells
sie

qui?
Wer?

què?
Was?

com?
Wie?

on?
Wo?

quan?
Wann?

nom
Name

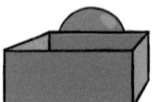

darrere
-----
hinter

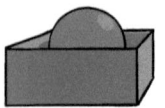

en
-----
in

davant de
-----
vor

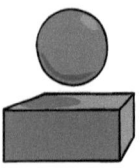

damunt

über

sobre
-----
auf

sota
-----
unter

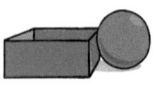

al costat
-----
neben

entre
-----
zwischen

lloc
-----
der Ort